1 Rechne.

Partneraufgaben

6 + 7 = ___	8 + 5 = ___	7 + 8 = ___
6 + 4 + ___ = ___	8 + ___ + ___ = ___	7 + ___ + ___ = ___
9 + 6 = ___	7 + 5 = ___	6 + 8 = ___
9 + ___ + ___ = ___	7 + ___ + ___ = ___	6 + ___ + ___ = ___
9 + 4 = ___	7 + 4 = ___	8 + 4 = ___
9 + ___ + ___ = ___	7 + ___ + ___ = ___	8 + ___ + ___ = ___
8 + 6 = ___	5 + 8 = ___	9 + 5 = ___
8 + ___ + ___ = ___	5 + ___ + ___ = ___	9 + ___ + ___ = ___

2 Rechne.

Verdopplungsaufgaben

6 + 5 = ___	6 + 7 = ___	7 + 8 = ___
6 + ___ ◯ ___ = ___	6 + ___ ◯ ___ = ___	7 + ___ ◯ ___ = ___
7 + 6 = ___	5 + 6 = ___	8 + 9 = ___
7 + ___ ◯ ___ = ___	5 + ___ ◯ ___ = ___	8 + ___ ◯ ___ = ___

Werkzeugkoffer Rechenwege ⊕

1 Rechne.

Mit der 10

$8 + 9 =$ ___

$8 + \underline{10}$ ◯ ___ $=$ ___

$5 + 9 =$ ___

$5 + $ ___ ◯ ___ $=$ ___

$7 + 9 =$ ___

$7 + $ ___ ◯ ___ $=$ ___

$4 + 9 =$ ___

$4 + $ ___ ◯ ___ $=$ ___

$6 + 9 =$ ___

$6 + $ ___ ◯ ___ $=$ ___

$3 + 9 =$ ___

$3 + $ ___ ◯ ___ $=$ ___

2 Rechne auf deinem Weg und notiere ihn.

$8 + 7 =$ ___

_____

$8 + 5 =$ ___

_____

$6 + 6 =$ ___

_____

$6 + 8 =$ ___

_____

$9 + 4 =$ ___

_____

$7 + 9 =$ ___

_____

$7 + 4 =$ ___

_____

$9 + 3 =$ ___

_____

$8 + 9 =$ ___

_____

Werkzeugkoffer Rechenwege ⊖

1 Rechne.

Zur 10 und dann weiter

13 − 7 = ___
13 − _3_ − __ = ___

12 − 4 = ___
12 − __ − __ = ___

16 − 7 = ___
16 − __ − __ = ___

11 − 5 = ___
11 − __ − __ = ___

15 − 8 = ___
15 − __ − __ = ___

16 − 9 = ___
16 − __ − __ = ___

15 − 6 = ___
15 − __ − __ = ___

13 − 5 = ___
13 − __ − __ = ___

14 − 6 = ___
14 − __ − __ = ___

17 − 8 = ___
17 − __ − __ = ___

14 − 8 = ___
14 − __ − __ = ___

12 − 7 = ___
12 − __ − __ = ___

2 Rechne.

Ergänzen

13 − 8 = ___
8 + __ = ___

11 − 7 = ___
7 + __ = ___

12 − 9 = ___
9 + __ = ___

17 − 12 = ___
__ + __ = ___

15 − 13 = ___
__ + __ = ___

18 − 14 = ___
__ + __ = ___

1 Rechne.

$13 - 9 = $ ___
$13 - \underline{10}$ ◯ __ = ___

$15 - 9 = $ ___
$15 - $ __ ◯ __ = ___

$17 - 9 = $ ___
$17 - $ __ ◯ __ = ___

Mit der 10

$14 - 9 = $ ___
$14 - $ __ ◯ __ = ___

$16 - 9 = $ ___
$16 - $ __ ◯ __ = ___

$12 - 9 = $ ___
$12 - $ __ ◯ __ = ___

2 Rechne auf deinem Weg und notiere ihn.

$12 - 7 = $ ___

$16 - 8 = $ ___

$16 - 9 = $ ___

_____

_____

_____

$11 - 5 = $ ___

$13 - 6 = $ ___

$14 - 3 = $ ___

_____

_____

_____

$15 - 6 = $ ___

$18 - 9 = $ ___

$17 - 9 = $ ___

_____

_____

_____

1

$8 + 3 = $ ___

$7 + 5 = $ ___

$9 + 4 = $ ___

$6 + 2 = $ ___

$7 + 6 = $ ___

$8 + 9 = $ ___

$4 + 8 = $ ___

$8 + 0 = $ ___

$13 + 5 = $ ___

$12 + 6 = $ ___

$11 + 6 = $ ___

$15 + 4 = $ ___

2

$8 + $ ___ $= 10$

$7 + $ ___ $= 13$

$6 + $ ___ $= 12$

$9 + $ ___ $= 14$

$3 + $ ___ $= 10$

$5 + $ ___ $= 13$

___ $+ 6 = 11$

___ $+ 8 = 18$

___ $+ 4 = 13$

___ $+ 5 = 14$

___ $+ 6 = 17$

___ $+ 8 = 16$

3

$6 - 2 = $ ___

$12 - 2 = $ ___

$14 - 5 = $ ___

$16 - 3 = $ ___

$13 - 6 = $ ___

$17 - 5 = $ ___

$5 - 0 = $ ___

$14 - 6 = $ ___

$19 - 2 = $ ___

$20 - 8 = $ ___

$13 - 8 = $ ___

$15 - 7 = $ ___

4

$9 - $ ___ $= 3$

$14 - $ ___ $= 11$

$17 - $ ___ $= 9$

$12 - $ ___ $= 8$

$14 - $ ___ $= 5$

$18 - $ ___ $= 7$

___ $- 2 = 9$

___ $- 9 = 11$

___ $- 5 = 14$

___ $- 6 = 7$

___ $- 7 = 11$

___ $- 9 = 8$

Rechenmauern

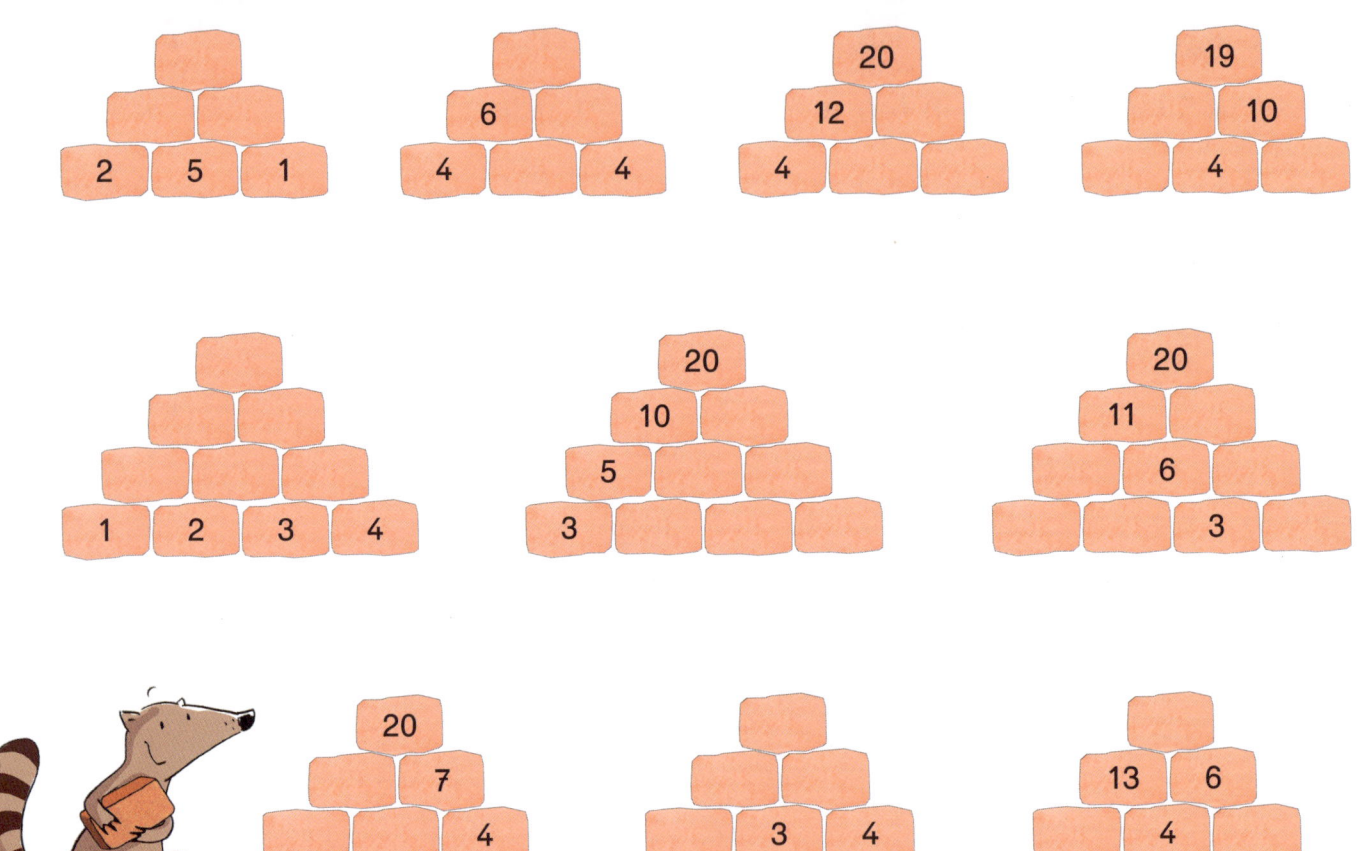

1

+	7	8	9
5			

+	4	3
6		

+	2	4	6
3			
6			

+	7	8
2		
4		

+	2	5	4
11			
13			
5			

+	3	6
10		
12		
14		

2

−	2	3	4
5			

−	3	6
7		

−	5	8	4
9			
8			

−	5	4
6		
7		

−	7	8	9
11			
13			
15			

−	2	5
18		
19		
20		

1

$5 + 2 =$ ___ $6 + 3 =$ ___

$50 + 20 =$ ___ $60 + 30 =$ ___

$7 + 1 =$ ___ $4 + 5 =$ ___

$70 + 10 =$ ___ $40 + 50 =$ ___

$3 + 4 =$ ___ $2 + 7 =$ ___

$30 + 40 =$ ___ $20 + 70 =$ ___

2

$8 - 2 =$ ___ $9 - 5 =$ ___

$80 - 20 =$ ___ $90 - 50 =$ ___

$6 - 4 =$ ___ $5 - 2 =$ ___

$60 - 40 =$ ___ $50 - 20 =$ ___

$7 - 3 =$ ___ $10 - 6 =$ ___

$70 - 30 =$ ___ $100 - 60 =$ ___

3

$30 + 40 =$ ___ $20 + 80 =$ ___

$50 + 10 =$ ___ $10 + 40 =$ ___

$70 + 20 =$ ___ $60 + 30 =$ ___

$40 + 50 =$ ___ $80 + 10 =$ ___

$10 + 60 =$ ___ $50 + 20 =$ ___

4

$50 - 30 =$ ___

$70 - 10 =$ ___

$60 - 40 =$ ___

$90 - 70 =$ ___

$20 - 20 =$ ___

$80 - 40 =$ ___

$70 - 50 =$ ___

$90 - 80 =$ ___

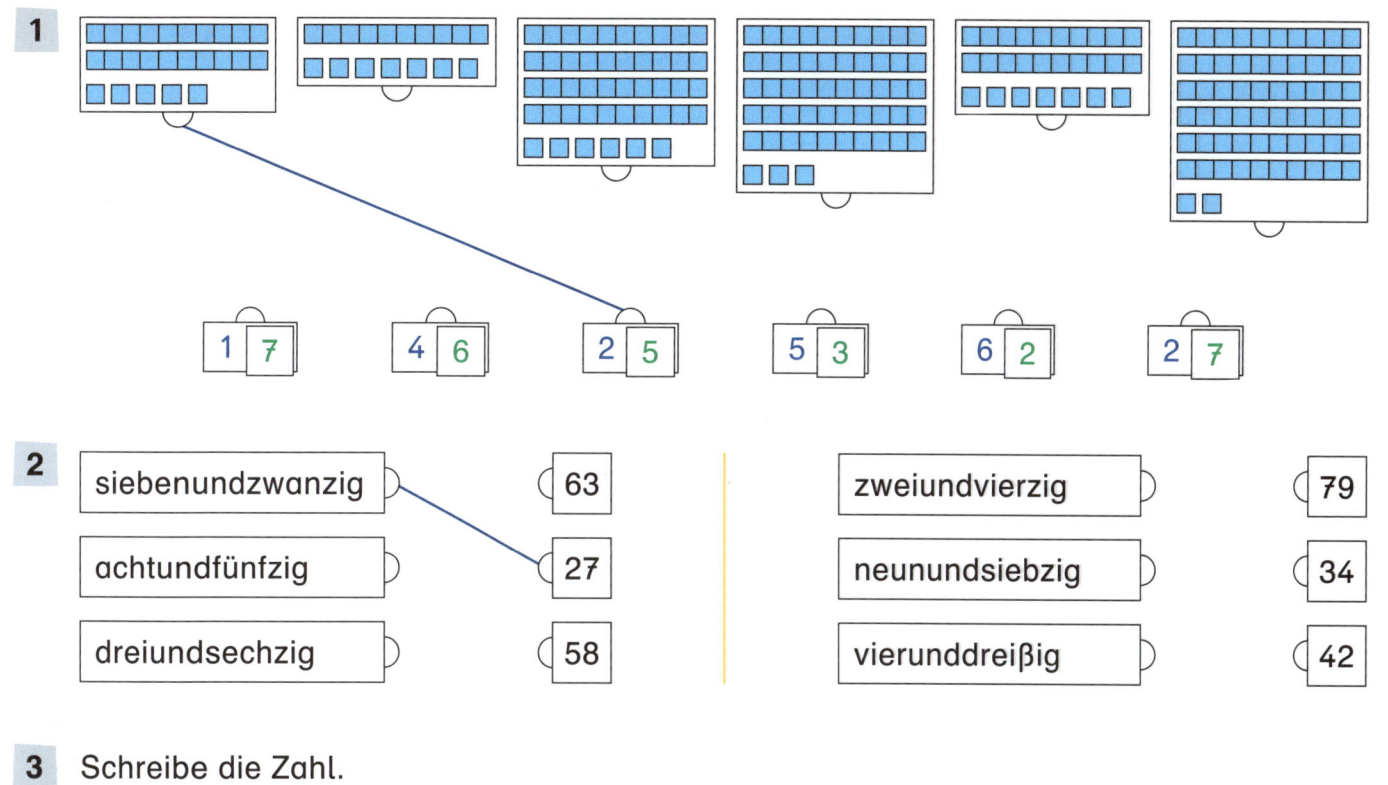

2

siebenundzwanzig		63
achtundfünfzig		27
dreiundsechzig		58

zweiundvierzig		79
neunundsiebzig		34
vierunddreißig		42

3 Schreibe die Zahl.

6 Z 3 E ___   9 Z 8 E ___   3 E 5 Z ___   2 Z 9 E ___

4 Z 7 E ___   7 E 3 Z ___   8 Z 0 E ___   8 E 0 Z ___

1

$4 + 3 =$ _____ $6 + 2 =$ _____ $5 - 3 =$ _____ $8 - 4 =$ _____

$14 + 3 =$ _____ $36 + 2 =$ _____ $15 - 3 =$ _____ $58 - 4 =$ _____

$24 + 3 =$ _____ $46 + 2 =$ _____ $25 - 3 =$ _____ $78 - 4 =$ _____

2   Finde die verwandte Aufgabe und rechne.

$22 + 4 =$ _____ $37 + 1 =$ _____ $37 - 5 =$ _____ $29 - 8 =$ _____

$\underline{2} + \underline{4} =$ _____ ___ + ___ = _____ ___ − ___ = _____ ___ − ___ = _____

$45 + 2 =$ _____ $63 + 6 =$ _____ $76 - 3 =$ _____ $48 - 6 =$ _____

___ + ___ = _____ ___ + ___ = _____ ___ − ___ = _____ ___ − ___ = _____

3 $35 + 4 =$ _____ $28 + 1 =$ _____ $57 - 3 =$ _____

$51 + 7 =$ _____ $54 + 4 =$ _____ $54 - 2 =$ _____

$73 + 5 =$ _____ $63 + 3 =$ _____ $66 - 4 =$ _____

Die verwandte Aufgabe hilft.

Zahlenreihe

1 Wie heißen die Nachbarzahlen?

2 Wie heißen die Nachbar-Zehner?

_30_ 36 _40_   ___ 75 ___   ___ 62 ___   ___ 89 ___

___ 86 ___   ___ 99 ___   ___ 22 ___   ___ 14 ___

___ 41 ___   ___ 57 ___   ___ 38 ___   ___ 45 ___

3 Vor und zurück zum Nachbar-Zehner

29 + ___ = 30   56 + ___ = 60   48 + ___ = ___   71 + ___ = ___

29 − ___ = 20   56 − ___ = 50   48 − ___ = ___   71 − ___ = ___

1 Trage die fehlenden Zahlen ein.

2 Vergleiche: > oder < ?

25 ◯ 52	37 ◯ 73	56 ◯ 58	73 ◯ 87
36 ◯ 63	62 ◯ 56	24 ◯ 45	21 ◯ 19
84 ◯ 48	42 ◯ 39	78 ◯ 17	52 ◯ 25
96 ◯ 69	75 ◯ 89	92 ◯ 29	63 ◯ 83
18 ◯ 81	13 ◯ 31	12 ◯ 20	95 ◯ 59

Zahlen zerlegen

1 Zerlege 100.

    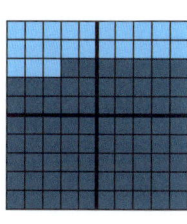

<u>50</u> + <u>50</u>   ___ + ___   ___ + ___   ___ + ___   ___ + ___

2

100 = 85 + ___	100 = 35 + ___	100 = 55 + ___	100 = 65 + ___
100 = 75 + ___	100 = 25 + ___	100 = 45 + ___	100 = 5 + ___
100 = 15 + ___	100 = 95 + ___	100 = 87 + ___	100 = 6 + ___

3 Zerlege 50.

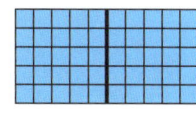

50 = 45 + ___	50 = 24 + ___	50 = 23 + ___
50 = 40 + ___	50 = 20 + ___	50 = 30 + ___
50 = 35 + ___	50 = 16 + ___	50 = 37 + ___

1 Trage die Zahlen ein.

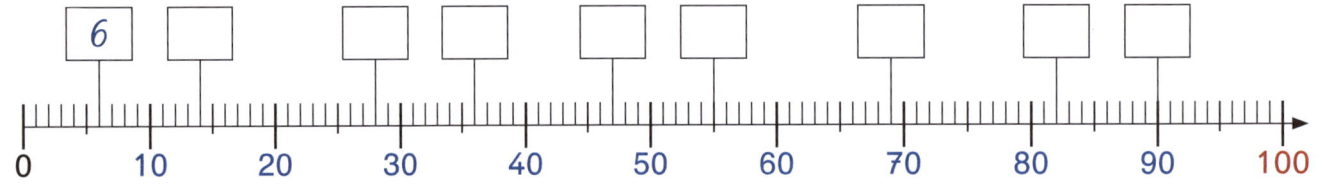

2 Verbinde.

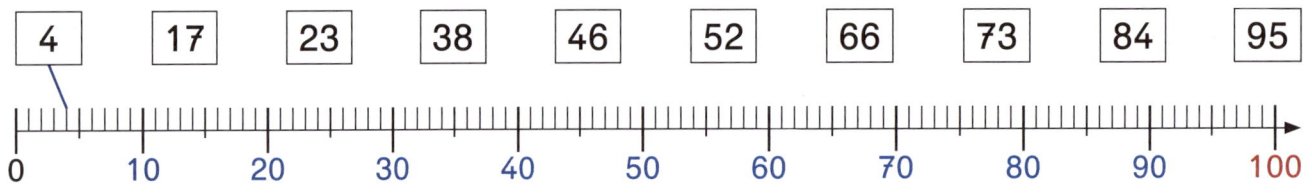

3 Welche Zahlen könnten es sein?

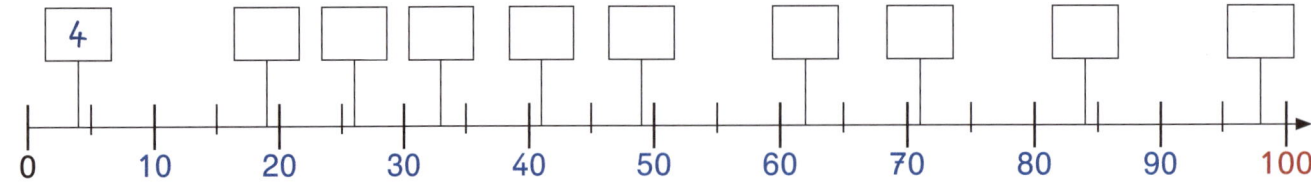

1 Wo liegen die Zahlen ungefähr? Trage ein: 10, 49, 60, 99, 55, 75

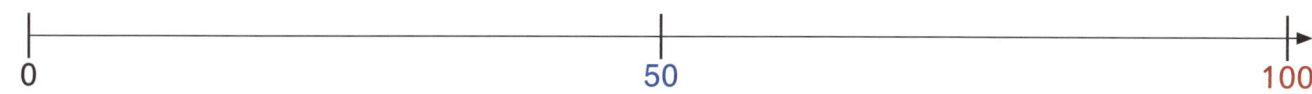

Trage ein: 25, 30, 80, 95, 3, 78, 56

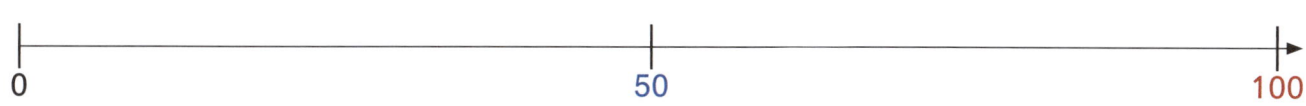

2 Immer 5 vor: Setze fort.

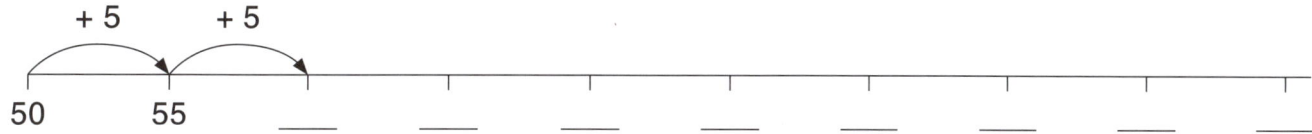

3 Immer 5 zurück: Setze fort.

1

Münzen	Geldbetrag
50 10 10 5 2	_____ ct
50 20 10 10 5	_____ ct
50 20 20 5 2	_____ ct

Münzen	Geldbetrag
10 10 20 10 5 2	_____ ct
20 20 10 5 20 5	_____ ct
50 1 1 5 5 5	_____ ct

2

Münzen	Geldbetrag
◯ ◯ ◯	52 ct
◯ ◯ ◯	45 ct
◯ ◯ ◯	75 ct

Münzen	Geldbetrag
◯ ◯ ◯	53 ct
◯ ◯ ◯	31 ct
◯ ◯ ◯	65 ct

Münzen	Geldbetrag
◯ ◯ ◯ ◯	59 ct
◯ ◯ ◯ ◯	34 ct
◯ ◯ ◯ ◯	83 ct

3

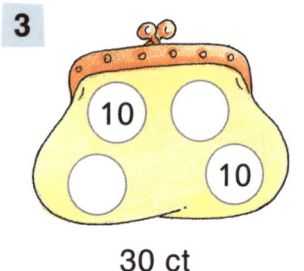

30 ct

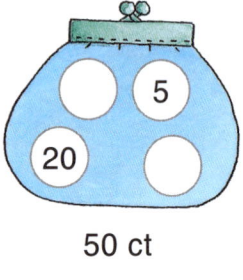

50 ct

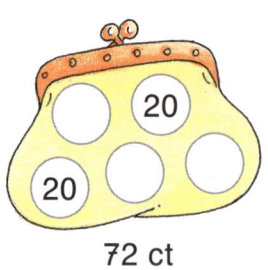

72 ct

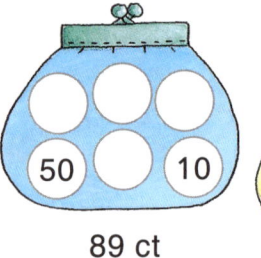

89 ct

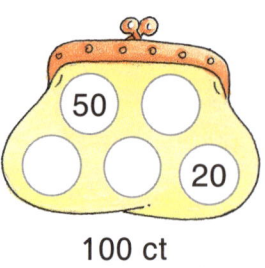

100 ct

1

___ €   ___ €   ___ €   ___ €

2 Lege und male.

57 €   36 €   49 €   87 €

3 Finde verschiedene Möglichkeiten.

90 €   90 €   90 €   90 €

Löse die Aufgaben mit dem Rechenstrich.

$55 + 7 =$ ___

$74 + 8 =$ ___

$68 + 5 =$ ___

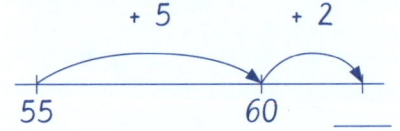

$44 + 7 =$ ___

$58 + 4 =$ ___

$49 + 3 =$ ___

$36 + 9 =$ ___

$28 + 6 =$ ___

$33 + 8 =$ ___

Rechne mit dem gelben Werkzeugkoffer. Notiere deinen Rechenweg.

87 + 7 = ___   65 + 8 = ___   78 + 5 = ___

39 + 6 = ___   28 + 4 = ___   26 + 5 = ___

49 + 5 = ___   58 + 9 = ___   27 + 4 = ___

Löse die Aufgaben mit dem Rechenstrich.

$58 + 9 =$ ___ $74 + 9 =$ ___ $69 + 9 =$ ___

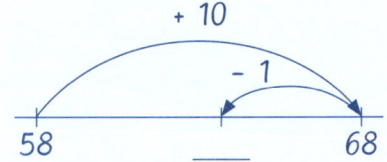

$44 + 9 =$ ___ $58 + 8 =$ ___ $29 + 9 =$ ___

$56 + 8 =$ ___ $38 + 9 =$ ___ $53 + 9 =$ ___

Rechne mit dem grünen Werkzeugkoffer. Notiere deinen Rechenweg.

16 + 9 = ___

87 + 9 = ___

86 + 8 = ___

35 + 9 = ___

78 + 8 = ___

24 + 9 = ___

42 + 9 = ___

23 + 9 = ___

57 + 8 = ___

Rechne mit dem lila Werkzeugkoffer. Notiere deinen Rechenweg.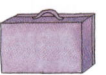

$45 + 6 =$ ___

$40 + 11 =$ _____

$54 + 9 =$ ___

_____

$56 + 5 =$ ___

_____

$38 + 7 =$ ___

_____

$29 + 4 =$ ___

_____

$34 + 7 =$ ___

_____

$48 + 9 =$ ___

_____

$63 + 8 =$ ___

_____

$77 + 6 =$ ___

_____

$75 + 8 =$ ___

_____

Rechne auf deinem Weg und notiere ihn.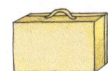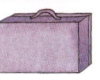

59 + 6 = ___

66 + 8 = ___

68 + 7 = ___

73 + 9 = ___

39 + 4 = ___

76 + 5 = ___

52 + 9 = ___

27 + 8 = ___

46 + 7 = ___

Löse die Aufgaben mit dem Rechenstrich.

75 – 7 = ___

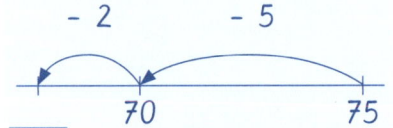

64 – 8 = ___

34 – 5 = ___

72 – 4 = ___

43 – 9 = ___

86 – 7 = ___

96 – 8 = ___

61 – 3 = ___

Rechne mit dem gelben Werkzeugkoffer. Notiere deinen Rechenweg.

87 – 8 = ___

65 – 6 = ___

72 – 5 = ___

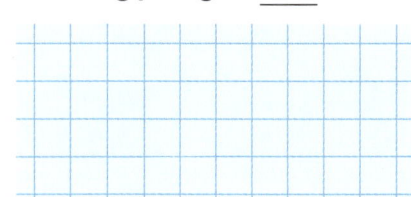

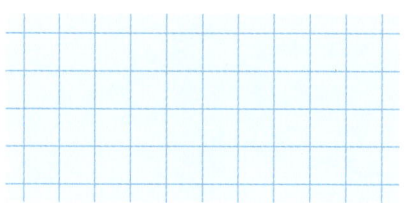

93 – 6 = ___

81 – 3 = ___

52 – 5 = ___

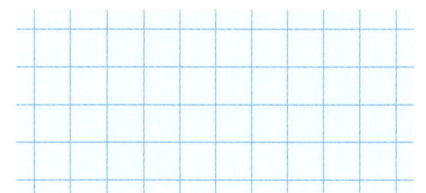

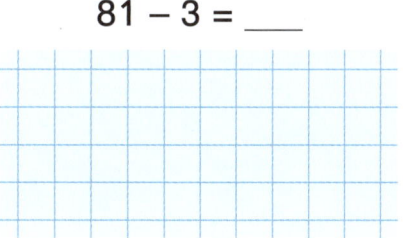

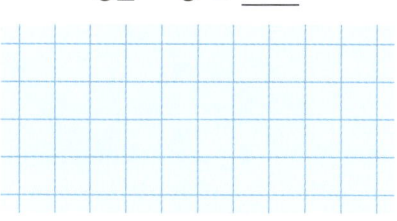

45 – 9 = ___

72 – 4 = ___

83 – 7 = ___

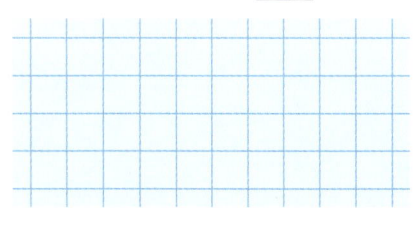

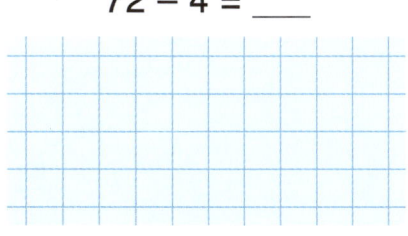

Löse die Aufgaben mit dem Rechenstrich.

58 − 9 = ___

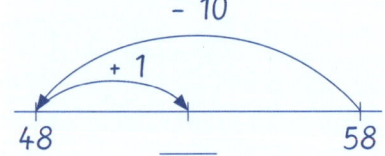

74 − 9 = ___

61 − 9 = ___

44 − 9 = ___

53 − 8 = ___

93 − 9 = ___

82 − 9 = ___

38 − 9 = ___

56 − 8 = ___

Rechne mit dem grünen Werkzeugkoffer. Notiere deinen Rechenweg.

64 – 9 = ___

87 – 9 = ___

96 – 8 = ___

35 – 9 = ___

71 – 8 = ___

84 – 9 = ___

97 – 9 = ___

46 – 9 = ___

57 – 8 = ___

Rechenwege bei Minusaufgaben

Rechne auf deinem Weg und notiere ihn.
 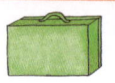 

54 − 6 = ___

66 − 8 = ___

86 − 7 = ___

93 − 9 = ___

82 − 4 = ___

75 − 6 = ___

52 − 9 = ___

47 − 8 = ___

46 − 9 = ___

1

$56 + 6 = \underline{\hphantom{000}}$ $89 + 2 = \underline{\hphantom{000}}$

$38 + 5 = \underline{\hphantom{000}}$ $94 + 3 = \underline{\hphantom{000}}$

$49 + 7 = \underline{\hphantom{000}}$ $76 + 7 = \underline{\hphantom{000}}$

$67 + 9 = \underline{\hphantom{000}}$ $26 + 8 = \underline{\hphantom{000}}$

$89 + 4 = \underline{\hphantom{000}}$ $54 + 9 = \underline{\hphantom{000}}$

$88 + 5 = \underline{\hphantom{000}}$ $41 + 6 = \underline{\hphantom{000}}$

2

$68 + 5 = \underline{\hphantom{000}}$ $46 + 5 = \underline{\hphantom{000}}$

$74 + 5 = \underline{\hphantom{000}}$ $78 + 6 = \underline{\hphantom{000}}$

$53 + 8 = \underline{\hphantom{000}}$ $56 + 7 = \underline{\hphantom{000}}$

$25 + 7 = \underline{\hphantom{000}}$ $42 + 8 = \underline{\hphantom{000}}$

$87 + 6 = \underline{\hphantom{000}}$ $64 + 9 = \underline{\hphantom{000}}$

$57 + 5 = \underline{\hphantom{000}}$ $68 + 8 = \underline{\hphantom{000}}$

3

$72 - 5 = \underline{\hphantom{000}}$ $56 - 8 = \underline{\hphantom{000}}$

$45 - 6 = \underline{\hphantom{000}}$ $80 - 6 = \underline{\hphantom{000}}$

$67 - 4 = \underline{\hphantom{000}}$ $83 - 5 = \underline{\hphantom{000}}$

$81 - 9 = \underline{\hphantom{000}}$ $54 - 6 = \underline{\hphantom{000}}$

$72 - 7 = \underline{\hphantom{000}}$ $35 - 7 = \underline{\hphantom{000}}$

4

$69 - 5 = \underline{\hphantom{000}}$ $59 - 4 = \underline{\hphantom{000}}$

$51 - 8 = \underline{\hphantom{000}}$ $47 - 7 = \underline{\hphantom{000}}$

$62 - 9 = \underline{\hphantom{000}}$ $81 - 5 = \underline{\hphantom{000}}$

$90 - 7 = \underline{\hphantom{000}}$ $78 - 9 = \underline{\hphantom{000}}$

$83 - 4 = \underline{\hphantom{000}}$ $52 - 4 = \underline{\hphantom{000}}$

Löse die Aufgaben mit dem Rechenstrich.

35 + 38 = ___

66 + 27 = ___

57 + 26 = ___

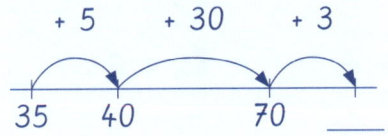

44 + 47 = ___

75 + 18 = ___

29 + 43 = ___

25 + 37 = ___

68 + 16 = ___

53 + 28 = ___

Rechne mit dem orangen Werkzeugkoffer. Notiere deinen Rechenweg.

27 + 17 = ___

55 + 28 = ___

Rechne und setze fort.

43 + 38 = ___

78 + 13 = ___

67 + 15 = ___

36 + 35 = ___

78 + 11 = ___

78 + 12 = ___

78 + 13 = ___

78 + 14 = ___

___ + ___ = ___

___ + ___ = ___

Löse die Aufgaben mit dem Rechenstrich.

65 + 29 = ___   13 + 79 = ___   77 + 19 = ___

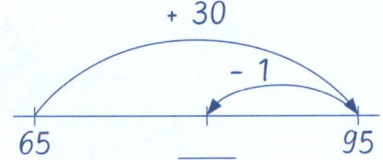

46 + 39 = ___   24 + 59 = ___   32 + 49 = ___

35 + 39 = ___   55 + 29 = ___   48 + 49 = ___

Rechne mit dem grünen Werkzeugkoffer. Notiere deinen Rechenweg.

44 + 39 = ___

27 + 49 = ___

12 + 79 = ___

37 + 39 = ___

23 + 59 = ___

16 + 69 = ___

 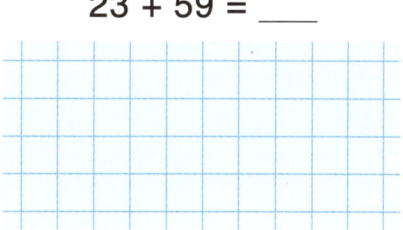 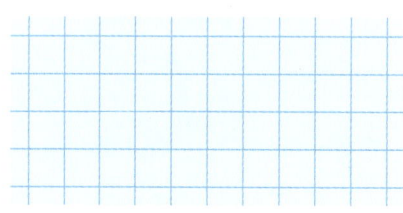

67 + 29 = ___

45 + 38 = ___

29 + 29 = ___

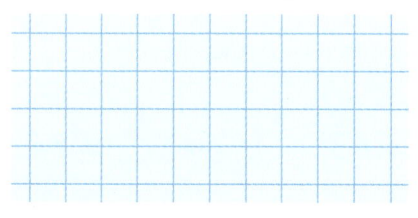 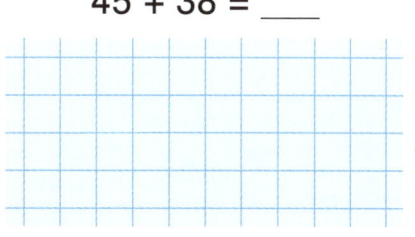 

1 Rechne mit dem lila Werkzeugkoffer. Notiere deinen Rechenweg.

$24 + 37 =$ ___ $56 + 16 =$ ___ $25 + 57 =$ ___

```
2 0 + 3 0 = 5 0
    4 +   7 =
5 0 +       =
```

$77 + 14 =$ ___ $38 + 35 =$ ___ $25 + 26 =$ ___

2 Welche Zahlenkarten passen?

[30] [33] [20] [27] [54] [10]   ___ + ___ = 57   ___ + ___ = 43   ___ + ___ = 74

Rechne auf deinem Weg und notiere ihn.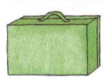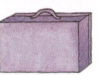

26 + 39 = ___

18 + 13 = ___

18 + 13 = ___	
18 + 15 = ___	
18 + 17 = ___	
18 + 19 = ___	
___ + ___ = ___	
___ + ___ = ___	

78 + 16 = ___

37 + 35 = ___

16 + 57 = ___

65 + 29 = ___

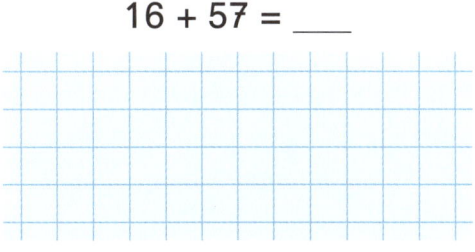

Rechne und setze fort.

Löse die Aufgaben mit dem Rechenstrich.

45 − 16 = ___   66 − 27 = ___   92 − 35 = ___

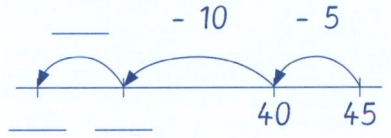

84 − 56 = ___   75 − 18 = ___   43 − 15 = ___

56 − 28 = ___   67 − 48 = ___   73 − 24 = ___

Rechne mit dem orangen Werkzeugkoffer. Notiere deinen Rechenweg.

47 − 18 = ___

55 − 28 = ___

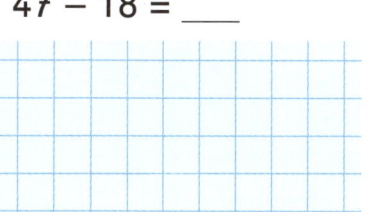

93 − 38 = ___

72 − 13 = ___

Rechne und setze fort.

72 − 15 = ___

95 − 37 = ___

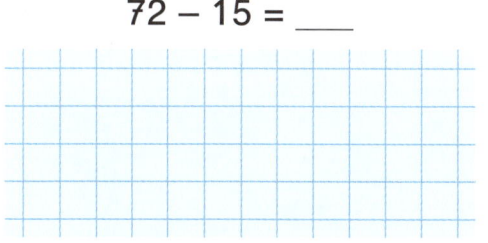

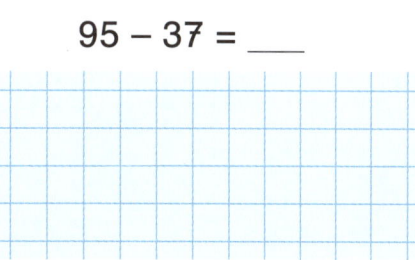

72 − 13 = ___

74 − 13 = ___

76 − 13 = ___

78 − 13 = ___

___ − ___ = ___

___ − ___ = ___

Löse die Aufgaben mit dem Rechenstrich.

66 − 39 = ___   93 − 79 = ___   37 − 19 = ___

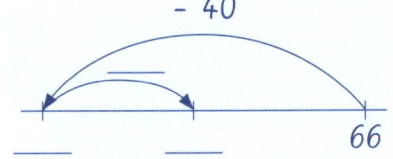

86 − 49 = ___   74 − 59 = ___   58 − 39 = ___

45 − 19 = ___   55 − 29 = ___   62 − 59 = ___

Rechne mit dem grünen Werkzeugkoffer. Notiere deinen Rechenweg.

63 – 29 = ___

47 – 29 = ___

72 – 49 = ___

83 – 39 = ___

96 – 59 = ___

66 – 19 = ___

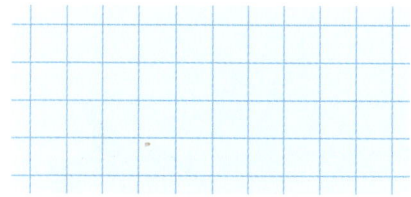
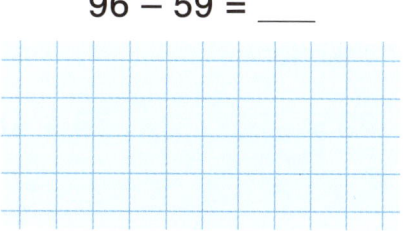

55 – 29 = ___

76 – 38 = ___

81 – 28 = ___

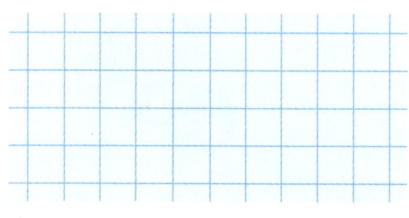
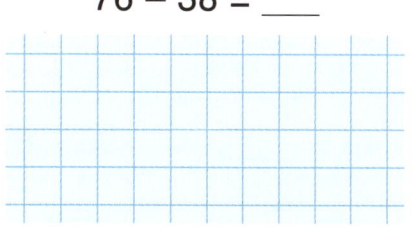
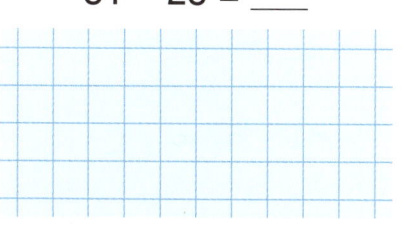

1   Rechne.

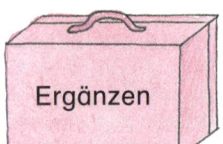

Ergänzen

$53 - 47$	$47 + \underline{6} = 53$	$82 - 79$	$79 + \underline{\quad} = 82$
$75 - 68$	$68 + \underline{\quad} = 75$	$46 - 39$	$39 + \underline{\quad} = 46$
$31 - 29$	$29 + \underline{\quad} = \underline{\quad}$	$62 - 56$	$56 + \underline{\quad} = \underline{\quad}$

2   Rechne mit dem rosa Werkzeugkoffer.

$93 - 86 = \underline{\quad}$ $71 - 69 = \underline{\quad}$ $56 - 48 = \underline{\quad}$

$\underline{86} + \underline{\quad} = \underline{\quad}$ $\underline{\quad} + \underline{\quad} = \underline{\quad}$ $\underline{\quad} + \underline{\quad} = \underline{\quad}$

$22 - 19 = \underline{\quad}$ $88 - 75 = \underline{\quad}$ $30 - 24 = \underline{\quad}$

$\underline{\quad} + \underline{\quad} = \underline{\quad}$ $\underline{\quad} + \underline{\quad} = \underline{\quad}$ $\underline{\quad} + \underline{\quad} = \underline{\quad}$

$61 - 57 = \underline{\quad}$ $47 - 43 = \underline{\quad}$ $96 - 89 = \underline{\quad}$

$\underline{\quad} + \underline{\quad} = \underline{\quad}$ $\underline{\quad} + \underline{\quad} = \underline{\quad}$ $\underline{\quad} + \underline{\quad} = \underline{\quad}$

Rechne auf deinem Weg und notiere ihn.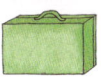

61 – 33 = ___

99 – 48 = ___

| 99 – 48 = ___ |
| 98 – 48 = ___ |
| 97 – 48 = ___ |
| 96 – 48 = ___ |
| ___ – ___ = ___ |
| ___ – ___ = ___ |

72 – 56 = ___

83 – 59 = ___

55 – 47 = ___

34 – 29 = ___

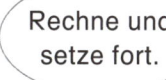
Rechne und setze fort.

1

25 + 39 = ___	75 + 17 = ___	56 + 37 = ___
47 + 18 = ___	26 + 34 = ___	61 + 28 = ___
66 + 24 = ___	37 + 41 = ___	26 + 49 = ___
59 + 12 = ___	74 + 25 = ___	45 + 46 = ___
18 + 36 = ___	29 + 42 = ___	77 + 19 = ___
34 + 45 = ___	53 + 19 = ___	69 + 12 = ___

2

			3
96 – 42 = ___	32 – 15 = ___	74 – 46 = ___	82 – 17 = ___
84 – 29 = ___	67 – 29 = ___	94 – 63 = ___	66 + 26 = ___
56 – 17 = ___	75 – 35 = ___	44 – 18 = ___	85 – 29 = ___
25 – 18 = ___	99 – 33 = ___	26 – 15 = ___	93 – 66 = ___
95 – 36 = ___	48 – 19 = ___	52 – 23 = ___	37 + 19 = ___
73 – 55 = ___	81 – 43 = ___	58 – 35 = ___	45 + 38 = ___

1 Finde eine passende Zahl. Bilde 4 Aufgaben.

| 47 | | 42 | | 56 | | 41 | | 27 | 36 | |

___ + ___ = ___   ___ + ___ = ___   ___ + ___ = ___

___ + ___ = ___   ___ + ___ = ___   ___ + ___ = ___

___ – ___ = ___   ___ – ___ = ___   ___ – ___ = ___

___ – ___ = ___   ___ – ___ = ___   ___ – ___ = ___

Es gibt immer zwei Möglichkeiten. Wähle eine aus.

2 Finde eine passende Zahl. Bilde 4 Aufgaben.

| 26 | 71 | | | 29 | 65 | | | | 53 | 15 | | | 18 | 50 |

_____   _____   _____   _____

_____   _____   _____   _____

_____   _____   _____   _____

_____   _____   _____   _____

1

| 35 | + | 14 | = | 49 | | 48 | + | | = | 92 |

| 27 | + | | = | 52 | | 30 | + | | = | 47 |

| 66 | + | | = | 72 | | 22 | + | | = | 31 |

| 54 | + | | = | 85 | | 14 | + | | = | 29 |

6 9 ~~14~~ 15 17 25 31 44

2

| | + | 89 | = | 100 | | | + | 58 | = | 86 |

| | + | 36 | = | 48 | | | + | 33 | = | 67 |

| | + | 19 | = | 56 | | | + | 49 | = | 57 |

| | + | 27 | = | 96 | | | + | 47 | = | 70 |

8 11 12 23 28 34 37 69

3

| 54 | − | | = | 46 | | 44 | − | | = | 27 |

| 72 | − | | = | 58 | | 97 | − | | = | 86 |

| 66 | − | | = | 48 | | 25 | − | | = | 22 |

| 39 | − | | = | 24 | | 86 | − | | = | 42 |

3 8 11 14 15 17 18 44

4

| | − | 34 | = | 7 | | | − | 5 | = | 46 |

| | − | 19 | = | 30 | | | − | 14 | = | 48 |

| | − | 45 | = | 38 | | | − | 28 | = | 26 |

| | − | 16 | = | 62 | | | − | 7 | = | 14 |

21 41 49 51 54 62 78 83

1 Wie geht es weiter? Wie heißt die Regel?

40, 45, 50, ___, ___, ___, 70   Regel: Immer (+) _5_

74, 77, 80, ___, ___, ___, 92   Regel: Immer ◯ ___

37, 33, 29, ___, ___, ___, 13   Regel: Immer ◯ ___

24, 32, 40, ___, ___, ___, 72   Regel: Immer ◯ ___

55, 52, 49, ___, ___, ___, 37   Regel: Immer ◯ ___

62, 68, 74, ___, ___, ___, 98   Regel: Immer ◯ ___

87, 80, 73, ___, ___, ___, 45   Regel: Immer ◯ ___

99, 95, 91, ___, ___, ___, 75   Regel: Immer ◯ ___

2 Wie geht es weiter? Setze fort.

5, 10, 15, ___, ___, ___, ___, ___, ___, 50, ___, ___, ___, ___, ___, ___, 85

1 Welche Zahl passt?

$17 + 8 = 23 + \underline{}$

$25 + 4 = 21 + \underline{}$

$39 + 6 = 42 + \underline{}$

$48 + 3 = 47 + \underline{}$

$51 + 9 = 53 + \underline{}$

$51 + 7 = \underline{} + 9$

$66 + 5 = \underline{} + 3$

$72 + 9 = \underline{} + 8$

$83 + 2 = \underline{} + 5$

$45 + 8 = \underline{} + 7$

$92 + \underline{} = 95 + 4$

$\underline{} + 5 = 16 + 3$

$23 + 7 = 30 + \underline{}$

$35 + 2 = \underline{} + 5$

$\underline{} + 4 = 57 + 6$

2 Vergleiche: $>$ oder $<$?

$16 + 16 \bigcirc 17 + 17$

$23 + 34 \bigcirc 24 + 35$

$50 + 50 \bigcirc 97 + 1$

$67 + 16 \bigcirc 15 + 67$

$13 + 48 \bigcirc 18 + 41$

$35 + 9 \bigcirc 35 + 10$

$71 + 13 \bigcirc 12 + 71$

$42 + 44 \bigcirc 4 + 2$

$60 + 3 \bigcirc 30 + 30$

$53 + 20 \bigcirc 24 + 50$

$83 + 17 \bigcirc 90 + 0$

$40 + 4 \bigcirc 20 + 21$

$26 + 27 \bigcirc 25 + 26$

$51 + 9 \bigcirc 50 + 8$

$64 + 27 \bigcirc 28 + 64$

Die Innenzahlen ergeben zusammen 100. Finde die fehlenden Zahlen.

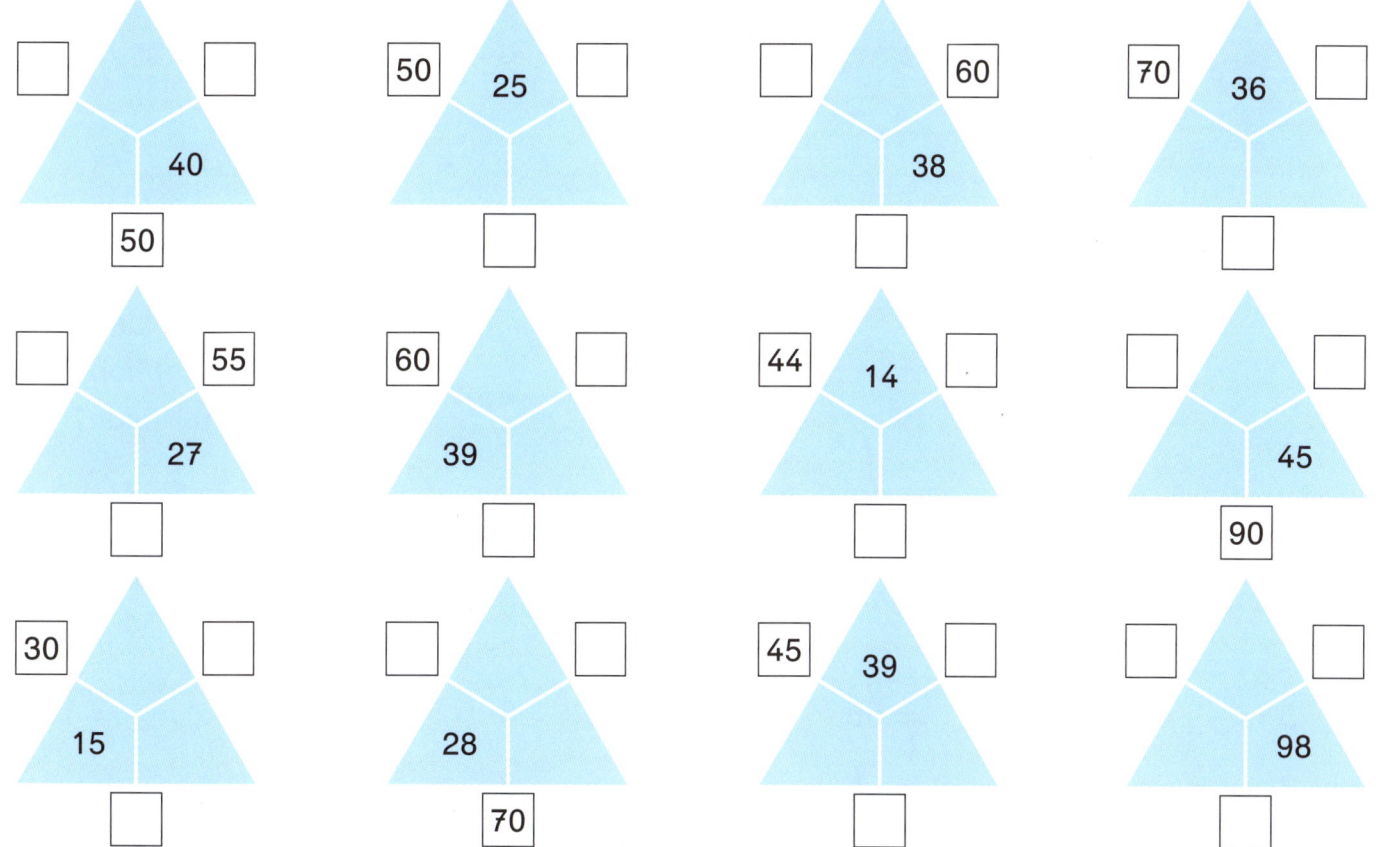

1

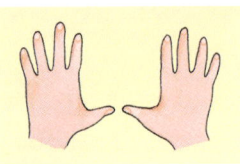

2 · 5 = ___

___ · ___ = ___

___ · ___ = ___

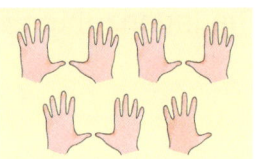

___ · ___ = ___

2

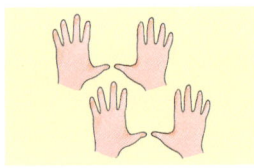

4 · 5 = ___

2 · 10 = ___

___ · ___ = ___

___ · ___ = ___

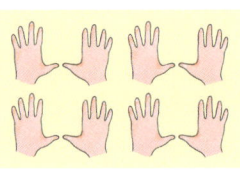

___ · ___ = ___

___ · ___ = ___

Wie viele
Finger haben
10 Hände?

___ · ___ = ___

___ · ___ = ___

3

3 · ___ = 30   5 · ___ = 50   6 · ___ = 60   8 · ___ = 80   10 · ___ = 100

3 · ___ = 3   5 · ___ = 5   6 · ___ = 6   8 · ___ = 8   10 · ___ = 10

1 Rechne Aufgabe und Tauschaufgabe.

$3 \cdot 2 = \_\_\_$
$2 \cdot 3 = \_\_\_$

$7 \cdot 2 = \_\_\_$
$2 \cdot 7 = \_\_\_$

$9 \cdot 2 = \_\_\_$
$2 \cdot 9 = \_\_\_$

$0 \cdot 2 = \_\_\_$
$2 \cdot 0 = \_\_\_$

$5 \cdot 2 = \_\_\_$
$\_\_\_ \cdot \_\_\_ = \_\_\_$

$6 \cdot 2 = \_\_\_$
$\_\_\_ \cdot \_\_\_ = \_\_\_$

$1 \cdot 2 = \_\_\_$
$\_\_\_ \cdot \_\_\_ = \_\_\_$

$8 \cdot 2 = \_\_\_$
$\_\_\_ \cdot \_\_\_ = \_\_\_$

2 $\_\_\_ \cdot 2 = 14$ $\quad \_\_\_ \cdot 2 = 12$ $\quad \_\_\_ \cdot 2 = 20$ $\quad \_\_\_ \cdot 2 = 0$

$\_\_\_ \cdot 2 = 6$ $\quad \_\_\_ \cdot 2 = 18$ $\quad \_\_\_ \cdot 2 = 2$ $\quad \_\_\_ \cdot 2 = 4$

3 Rechne Aufgabe und Tauschaufgabe.

$4 \cdot 1 = 4$ $\quad \_\_\_ \cdot 2 = 8$ $\quad \_\_\_ \cdot 5 = 20$ $\quad \_\_\_ \cdot 10 = 40$

$1 \cdot \_\_\_ = 4$ $\quad 2 \cdot \_\_\_ = 8$ $\quad 5 \cdot \_\_\_ = 20$ $\quad 10 \cdot \_\_\_ = 40$

$\_\_\_ \cdot 1 = 8$ $\quad \_\_\_ \cdot 2 = 16$ $\quad \_\_\_ \cdot 5 = 40$ $\quad \_\_\_ \cdot 10 = 80$

$1 \cdot \_\_\_ = 8$ $\quad 2 \cdot \_\_\_ = 16$ $\quad 5 \cdot \_\_\_ = 40$ $\quad 10 \cdot \_\_\_ = 80$

1 $1 \cdot 4 =$ ___ $2 \cdot 4 =$ ___ $5 \cdot 4 =$ ___ $10 \cdot 4 =$ ___

    $1 \cdot 8 =$ ___ $2 \cdot 8 =$ ___ $5 \cdot 8 =$ ___ $10 \cdot 8 =$ ___

2

$3 \cdot 8 = \underline{24}$
$2 \cdot 8 = \underline{16}$
$(+) \quad 1 \cdot 8 = \underline{8}$

$6 \cdot 4 =$ ___
$5 \cdot 4 = \underline{20}$
$(+) \quad 1 \cdot 4 =$ ___

$3 \cdot 4 =$ ___
$2 \cdot 4 =$ ___
$(+) \quad 1 \cdot 4 =$ ___

$7 \cdot 8 =$ ___
$5 \cdot 8 =$ ___
$(+) \quad 2 \cdot 8 =$ ___

$6 \cdot 8 =$ ___
$5 \cdot 8 =$ ___
$(+) \quad 1 \cdot 8 =$ ___

$7 \cdot 4 =$ ___
$5 \cdot 4 =$ ___
$(+) \quad 2 \cdot 4 =$ ___

3

$9 \cdot 8 = \underline{72}$
$10 \cdot 8 = \underline{80}$
$(-) \quad 1 \cdot 8 = \underline{8}$

$4 \cdot 4 =$ ___
$5 \cdot 4 = \underline{20}$
$(-) \quad 1 \cdot 4 =$ ___

$9 \cdot 4 =$ ___
$10 \cdot 4 =$ ___
$(-) \quad 1 \cdot 4 =$ ___

$8 \cdot 8 =$ ___
$10 \cdot 8 =$ ___
$(-) \quad 2 \cdot 8 =$ ___

$4 \cdot 8 =$ ___
$5 \cdot 8 =$ ___
$(-) \quad 1 \cdot 8 =$ ___

$8 \cdot 4 =$ ___
$10 \cdot 4 =$ ___
$(-) \quad 2 \cdot 4 =$ ___

1

_____9.00___ Uhr   _____ Uhr   _____ Uhr   _____ Uhr   _____ Uhr

____21.00___ Uhr   _____ Uhr   _____ Uhr   _____ Uhr   _____ Uhr

2

_____ Uhr   _____ Uhr   _____ Uhr   _____ Uhr   _____ Uhr

_____ Uhr   _____ Uhr   _____ Uhr   _____ Uhr   _____ Uhr

3

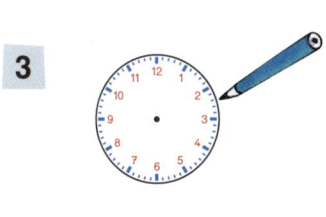   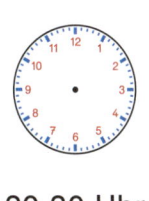 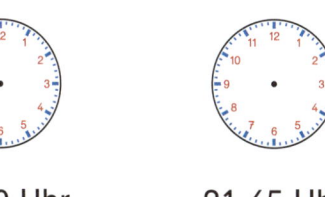

5.30 Uhr   7.15 Uhr   6.45 Uhr   20.30 Uhr   21.45 Uhr

1 Wie viele Minuten sind vergangen?

_10_ min   ____ min   ____ min   ____ min   ____ min

____ min   ____ min   ____ min   ____ min   ____ min

2

_5.40_ Uhr   _____ Uhr   _____ Uhr   _____ Uhr   _____ Uhr

_____ Uhr   _____ Uhr   _____ Uhr   _____ Uhr   _____ Uhr

1

$1 \cdot 3 =$ ___ $2 \cdot 3 =$ ___ $5 \cdot 3 =$ ___ $10 \cdot 3 =$ ___

$1 \cdot 6 =$ ___ $2 \cdot 6 =$ ___ $5 \cdot 6 =$ ___ $10 \cdot 6 =$ ___

2

$3 \cdot 6 =$ ___
$2 \cdot 6 = 12$
$+$ $1 \cdot 6 =$ ___

$6 \cdot 3 =$ ___
$5 \cdot 3 =$ ___
$+$ $1 \cdot 3 =$ ___

$9 \cdot 6 =$ ___
$10 \cdot 6 =$ ___
$-$ $1 \cdot 6 =$ ___

$4 \cdot 3 =$ ___
$5 \cdot 3 =$ ___
$-$ $1 \cdot 3 =$ ___

3 Welche Kernaufgaben helfen dir?

$3 \cdot 3 =$ ___
___ $\cdot 3 =$ ___
___ $\cdot 3 =$ ___

$8 \cdot 3 =$ ___
___ $\cdot$ ___ $=$ ___
___ $\cdot$ ___ $=$ ___

$6 \cdot 6 =$ ___
___ $\cdot$ ___ $=$ ___
___ $\cdot$ ___ $=$ ___

$7 \cdot 6 =$ ___
___ $\cdot$ ___ $=$ ___
___ $\cdot$ ___ $=$ ___

$9 \cdot 3 =$ ___
___ $\cdot$ ___ $=$ ___
___ $\cdot$ ___ $=$ ___

$7 \cdot 3 =$ ___
___ $\cdot$ ___ $=$ ___
___ $\cdot$ ___ $=$ ___

$4 \cdot 6 =$ ___
___ $\cdot$ ___ $=$ ___
___ $\cdot$ ___ $=$ ___

$8 \cdot 6 =$ ___
___ $\cdot$ ___ $=$ ___
___ $\cdot$ ___ $=$ ___

1

3 · 9 = <u>27</u>	
3 · 10 = 30	
30 – 3 = <u>27</u>	

9 · 9 = ___	
9 · 10 = 90	
90 – ___ = ___	

6 · 9 = ___	
6 · 10 = ___	
___ – ___ = ___	

4 · 9 = ___	
4 · 10 = ___	
___ – ___ = ___	

2 Welche Kernaufgaben helfen dir?

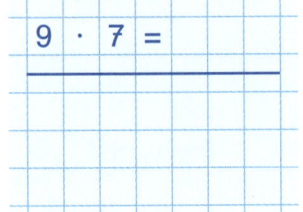 9 · 7 =

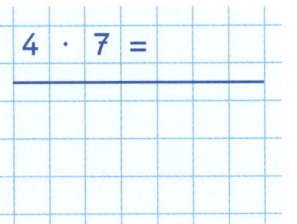 4 · 7 =

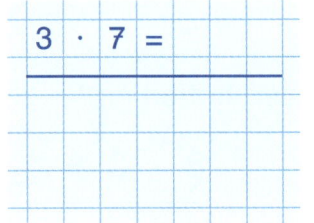 3 · 7 =

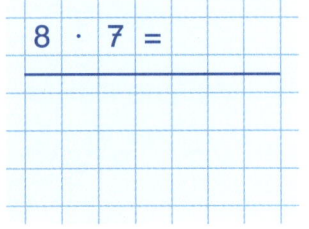 8 · 7 =

3 Schau dir die Ergebnisse an. Was fällt dir auf?

___ · 7 = 7   ___ · 9 = 18   ___ · 7 = 35   ___ · 9 = 27

___ · 7 = 14   ___ · 9 = 36   ___ · 7 = 42   ___ · 9 = 54

___ · 7 = 28   ___ · 9 = 72   ___ · 7 = 49   ___ · 9 = 81

1

4 · 2 = ____	10 · 7 = ____
5 · 7 = ____	6 · 2 = ____
2 · 10 = ____	0 · 3 = ____
8 · 0 = ____	2 · 7 = ____
1 · 6 = ____	5 · 10 = ____
9 · 5 = ____	7 · 1 = ____

2

·	3	6	9
1	3		
2			
5			
10			

·	2	4	8
2			
10			
5			
1			

3

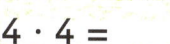

1 · 1 = ___

2 · 2 = ___

3 · 3 = ___   4 · 4 = ___   5 · 5 = ___

6 · 6 = ___

7 · 7 = ___

8 · 8 = ___

9 · 9 = ___

1 Setze die Entdeckerpäckchen fort. Finde die Regel.

34 + 45 = 79   immer + 2   95 − 25 = ___   immer − 1

36 + 45 = ___   immer ___   ___ − ___ = ___   immer − 3

___ + ___ = ___ immer ___   ___ − ___ = ___   immer ___

2 Das **Ergebnis** soll gleich bleiben. Bilde immer zwei verschiedene Päckchen.

52 + 27 = 79   52 + 27 = ___   78 − 27 = 51   78 − 27 = ___

53 + ___ = 79   51 + ___ = ___   77 − ___ = 51   ___ − ___ = ___

54 + ___ = 79   ___ + ___ = ___   ___ − ___ = ___   ___ − ___ = ___

___ + ___ = ___   ___ + ___ = ___   ___ − ___ = ___   ___ − ___ = ___

36 + 61 = 97   36 + 61 = ___   97 − 65 = ___   97 − 65 = ___

38 + ___ = ___   ___ + ___ = ___   ___ − ___ = ___   ___ − ___ = ___

___ + ___ = ___   ___ + ___ = ___   ___ − ___ = ___   ___ − ___ = ___

___ + ___ = ___   ___ + ___ = ___   ___ − ___ = ___   ___ − ___ = ___

1 Finde für die leeren Steine passende Zahlen.

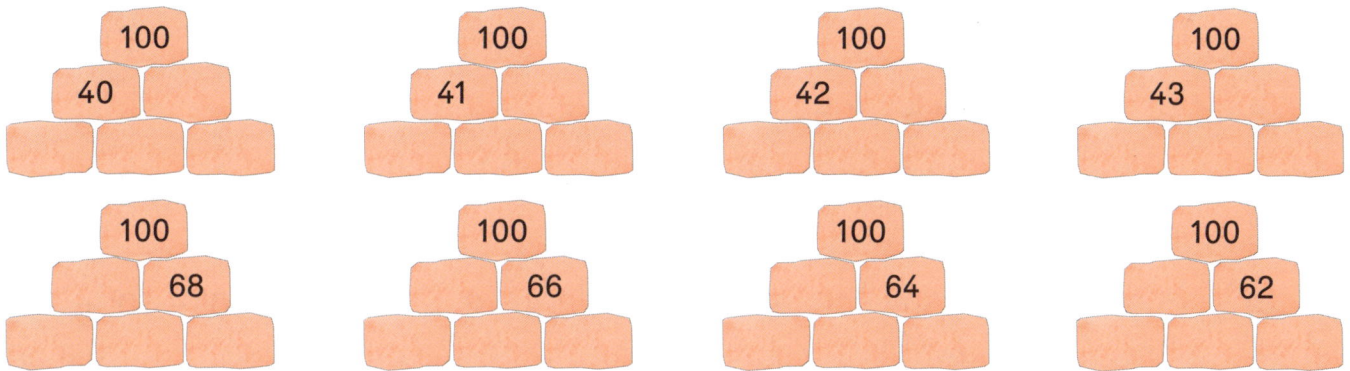

2 Lösbar ☑ oder nicht lösbar ☒? Probiere und kontrolliere.

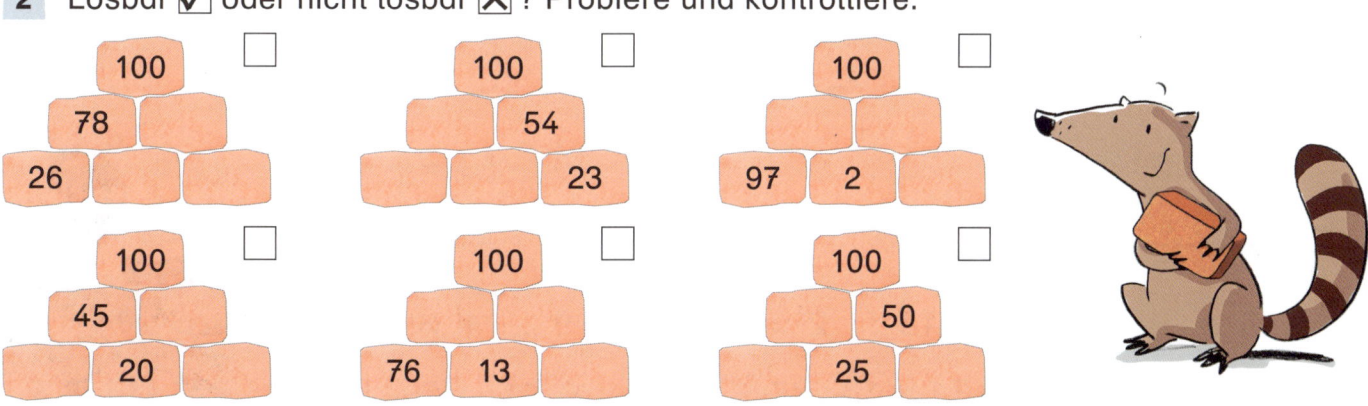

1 $60 : 10 = \underline{\;6\;}$ $\qquad$ $30 : 5 = \underline{\;\;\;\;}$ $\qquad$ $8 : 2 = \underline{\;\;\;\;}$ $\qquad$ $45 : 5 = \underline{\;\;\;\;}$

$\underline{\;6\;} \cdot 10 = 60$ $\qquad$ $\underline{\;\;\;\;} \cdot 5 = \underline{\;\;\;\;}$ $\qquad$ $\underline{\;\;\;\;} \cdot 2 = \underline{\;\;\;\;}$ $\qquad$ $\underline{\;\;\;\;} \cdot 5 = \underline{\;\;\;\;}$

$16 : 2 = \underline{\;\;\;\;}$ $\qquad$ $50 : 5 = \underline{\;\;\;\;}$ $\qquad$ $80 : 10 = \underline{\;\;\;\;}$ $\qquad$ $6 : 2 = \underline{\;\;\;\;}$

$\underline{\;\;\;\;} \cdot 2 = \underline{\;\;\;\;}$ $\qquad$ $\underline{\;\;\;\;} \cdot 5 = \underline{\;\;\;\;}$ $\qquad$ $\underline{\;\;\;\;} \cdot 10 = \underline{\;\;\;\;}$ $\qquad$ $\underline{\;\;\;\;} \cdot 2 = \underline{\;\;\;\;}$

2 $20 : 5 = \underline{\;\;\;\;}$ $\qquad$ $50 : 10 = \underline{\;\;\;\;}$ $\qquad$ $20 : 2 = \underline{\;\;\;\;}$ $\qquad$ $30 : 10 = \underline{\;\;\;\;}$

$\underline{\;\;\;\;} \cdot \underline{\;\;\;\;} = \underline{\;\;\;\;}$ $\qquad$ $\underline{\;\;\;\;} \cdot \underline{\;\;\;\;} = \underline{\;\;\;\;}$ $\qquad$ $\underline{\;\;\;\;} \cdot \underline{\;\;\;\;} = \underline{\;\;\;\;}$ $\qquad$ $\underline{\;\;\;\;} \cdot \underline{\;\;\;\;} = \underline{\;\;\;\;}$

$40 : 10 = \underline{\;\;\;\;}$ $\qquad$ $40 : 5 = \underline{\;\;\;\;}$ $\qquad$ $10 : 2 = \underline{\;\;\;\;}$ $\qquad$ $25 : 5 = \underline{\;\;\;\;}$

$\underline{\;\;\;\;} \cdot \underline{\;\;\;\;} = \underline{\;\;\;\;}$ $\qquad$ $\underline{\;\;\;\;} \cdot \underline{\;\;\;\;} = \underline{\;\;\;\;}$ $\qquad$ $\underline{\;\;\;\;} \cdot \underline{\;\;\;\;} = \underline{\;\;\;\;}$ $\qquad$ $\underline{\;\;\;\;} \cdot \underline{\;\;\;\;} = \underline{\;\;\;\;}$

$12 : 2 = \underline{\;\;\;\;}$ $\qquad$ $35 : 5 = \underline{\;\;\;\;}$ $\qquad$ $70 : 10 = \underline{\;\;\;\;}$

$\underline{\;\;\;\;} \cdot \underline{\;\;\;\;} = \underline{\;\;\;\;}$ $\qquad$ $\underline{\;\;\;\;} \cdot \underline{\;\;\;\;} = \underline{\;\;\;\;}$ $\qquad$ $\underline{\;\;\;\;} \cdot \underline{\;\;\;\;} = \underline{\;\;\;\;}$

$15 : 5 = \underline{\;\;\;\;}$ $\qquad$ $18 : 2 = \underline{\;\;\;\;}$ $\qquad$ $9 : 1 = \underline{\;\;\;\;}$

$\underline{\;\;\;\;} \cdot \underline{\;\;\;\;} = \underline{\;\;\;\;}$ $\qquad$ $\underline{\;\;\;\;} \cdot \underline{\;\;\;\;} = \underline{\;\;\;\;}$ $\qquad$ $\underline{\;\;\;\;} \cdot \underline{\;\;\;\;} = \underline{\;\;\;\;}$

1 Bilde 2 Malaufgaben und 2 Geteiltaufgaben.

| 6 | 2 | 12 | | 7 | 10 | 70 | | 8 | 40 | 5 | | 5 | 7 | 35 |

$\underline{6} \cdot \underline{2} = \underline{12}$ $\underline{\quad} \cdot \underline{\quad} = \underline{\quad}$ $\underline{\quad} \cdot \underline{\quad} = \underline{\quad}$ $\underline{\quad} \cdot \underline{\quad} = \underline{\quad}$

$\underline{2} \cdot \underline{\quad} = \underline{\quad}$ $\underline{\quad} \cdot \underline{\quad} = \underline{\quad}$ $\underline{\quad} \cdot \underline{\quad} = \underline{\quad}$ $\underline{\quad} \cdot \underline{\quad} = \underline{\quad}$

$\underline{12} : \underline{\quad} = \underline{\quad}$ $\underline{\quad} : \underline{\quad} = \underline{\quad}$ $\underline{\quad} : \underline{\quad} = \underline{\quad}$ $\underline{\quad} : \underline{\quad} = \underline{\quad}$

$\underline{12} : \underline{\quad} = \underline{\quad}$ $\underline{\quad} : \underline{\quad} = \underline{\quad}$ $\underline{\quad} : \underline{\quad} = \underline{\quad}$ $\underline{\quad} : \underline{\quad} = \underline{\quad}$

2 Bilde 2 Malaufgaben und 2 Geteiltaufgaben.

| 20 | 2 | 10 | | 18 | 2 | 9 | | 90 | 9 | 10 | | 5 | 15 | 3 |

1 Finde die passende Zahl. Bilde 2 Malaufgaben und 2 Geteiltaufgaben.

| 2 | 7 | ☐ | | 5 | ☐ | 30 | | 16 | ☐ | 8 | | 5 | 7 | ☐ |

2 · 7 = _____   _____   _____   _____

_____   _____   _____   _____

_____   _____   _____   _____

_____   _____   _____   _____

2 Finde die passende Zahl. Bilde 2 Malaufgaben und 2 Geteiltaufgaben.

| 20 | 2 | ☐ | | 20 | 4 | ☐ | | 4 | 40 | ☐ | | 40 | 5 | ☐ |

_____   _____   _____   _____

_____   _____   _____   _____

_____   _____   _____   _____

_____   _____   _____   _____

1

___ : 5 = 2	___ : 10 = 7	___ : 2 = 2
___ : 2 = 9	___ : 5 = 6	___ : 10 = 4
___ : 10 = 9	___ : 2 = 8	___ : 5 = 7
___ : 5 = 5	___ : 10 = 1	___ : 2 = 6
___ : 2 = 5	___ : 5 = 4	___ : 10 = 2
___ : 10 = 5	___ : 2 = 1	___ : 5 = 8
___ : 2 = 7	___ : 5 = 1	___ : 10 = 8

Die Umkehraufgabe hilft!

2

20 : ___ = 10	60 : ___ = 6	20 : ___ = 5	15 : ___ = 5
40 : ___ = 8	30 : ___ = 3	12 : ___ = 6	8 : ___ = 4
16 : ___ = 8	15 : ___ = 3	50 : ___ = 5	100 : ___ = 10
10 : ___ = 5	50 : ___ = 10	10 : ___ = 1	6 : ___ = 3
30 : ___ = 6	45 : ___ = 9	18 : ___ = 3	25 : ___ = 5

1 Rechne.

4 : 2 = _____   15 : 5 = _____   40 : 5 = _____   50 : 10 = _____

12 : 2 = _____   30 : 5 = _____   25 : 5 = _____   70 : 10 = _____

18 : 2 = _____   5 : 5 = _____   50 : 5 = _____   30 : 10 = _____

10 : 2 = _____   10 : 5 = _____   45 : 5 = _____   40 : 10 = _____

6 : 2 = _____   20 : 5 = _____   35 : 5 = _____   90 : 10 = _____

2 Vergleiche: <, >, =

10 : 2 ◯ 10 : 5   30 : 5 ◯ 70 : 10      18 : 2 ◯ 40 : 5

20 : 2 ◯ 20 : 5   50 : 5 ◯ 50 : 10   35 : 5 ◯ 14 : 2

16 : 2 ◯ 15 : 5   45 : 5 ◯ 90 : 10   30 : 6 ◯ 20 : 2

12 : 2 ◯ 30 : 5   35 : 5 ◯ 40 : 10   70 : 7 ◯ 45 : 5

14 : 2 ◯ 40 : 5   5 : 5 ◯ 10 : 10   80 : 8 ◯ 16 : 2

1 Aufgaben mit Rest: Die erste Aufgabe hilft.

20 : 2 = _10_   20 : 5 = _____   20 : 10 = _____   40 : 5 = _____

19 : 2 = _9 R 1_   19 : 5 = _____   19 : 10 = _____   39 : 5 = _____

18 : 2 = _____   18 : 5 = _____   18 : 10 = _____   38 : 5 = _____

17 : 2 = _____   17 : 5 = _____   17 : 10 = _____   37 : 5 = _____

16 : 2 = _____   16 : 5 = _____   16 : 10 = _____   36 : 5 = _____

2 Aufgaben mit Rest

11 : 5 = _____   35 : 10 = _____   3 : 2 = _____   24 : 5 = _____

21 : 5 = _____   48 : 10 = _____   13 : 2 = _____   45 : 10 = _____

31 : 5 = _____   57 : 10 = _____   5 : 2 = _____   9 : 2 = _____

41 : 5 = _____   74 : 10 = _____   11 : 2 = _____   28 : 5 = _____

51 : 5 = _____   65 : 10 = _____   15 : 2 = _____   36 : 10 = _____